Inhalt

Branchenreport TRANSPORT & LOGISTIK
Ausgabe 2/2014

Kernthesen

Beitrag

Zahlen und Fakten

Weiterführende Literatur

Impressum

Branchenreport TRANSPORT & LOGISTIK Ausgabe 2/2014

Robert Reuter

Kernthesen

- Nach einem schwächeren Jahr 2013 legt die Logistik in diesem Jahr wieder deutlicher zu.
- Vorausgesagt ist für das laufende Jahr ein Plus von zwei bis drei Prozent für die Gesamtlogistik und gut drei Prozent für die Transporteure.
- Derzeit sieht es so aus, dass alle Verkehrsträger von dem Anstieg profitieren werden.
- Der Schienengüterverkehr wird seine hohen Zuwächse aus dem letzten Jahr auch 2014

erreichen.

- Die deutschen Logistikriesen Deutsche Post und Deutsche Bahn haben ihre Gewinne im ersten Halbjahr gesteigert.
- Dies gelang auch LH Cargo. Ihre sehr ehrgeizigen Gewinnziele für 2015 musste die Lufthansa indessen wegen der konjunkturellen Abkühlung wieder einkassieren.

Beitrag

Der deutsche Logistikmarkt

Die deutsche Logistikwirtschaft hat 2013 nur um 0,9 Prozent zugelegt, die Hoffnungen ruhten darum auf dem laufenden Jahr. Die Prognose von plus drei Prozent ist wegen der konjunkturellen Abkühlung in Deutschland und der Ukrainekrise jedoch in Gefahr geraten. Gleichwohl rechnen die Experten für 2014 weiterhin mit einer Zunahme von über zwei Prozent. Damit würde die Logistik 2014 ein Umsatzvolumen von 235 Milliarden Euro und damit wieder einmal einen neuen Rekordwert erreichen. Für 2015 gehen die Experten von einem Wachstum in gleicher Größenordnung aus. Die Zahl der Beschäftigten verharrt indessen bei rund 2,9 Millionen Menschen.

Korrigiert wurden zwischenzeitlich die Wachstumzahlen der Transporteure. Anfang dieses Jahres war man davon ausgegangen, dass auch der Güterverkehr 2013 nur ein mageres Plus unter einem Prozent verzeichnen konnte. Tatsächlich waren es aber 2,0 Prozent, womit der Güterverkehr im vergangenen Jahr deutlich stärker zulegte als die gesamte Logistikbranche. Im laufenden Jahr werden die Transporteure nach aktuellen Schätzungen erneut etwas besser abschneiden als die Logistik insgesamt. Gerechnet wird derzeit mit einem Plus bei der Güterverkehrsleistung von 3,2 Prozent. Besonders stark profitieren - wie schon in den letzten Jahren - die Spediteure aus Osteuropa. Sie werden ihre Verkehrsleistung in Deutschland voraussichtlich um rund sechs Prozent steigern.

In diese Prognosen sowohl für die Gesamtlogistik wie für den Güterverkehr ist der aktuelle Rückgang der Konjunktur- und Stimmungsbarometer allerdings noch nicht vollumfänglich eingepreist. Durchaus könnte es daher sein, dass sich die bisher noch positiven Aussichten infolge eines schwachen Schlussquartals nicht ganz bestätigen werden. Konjunkturforscher weisen jedoch darauf hin, dass die Stimmung in der Logistik - wie in vielen anderen Branchen auch - derzeit deutlich schlechter ist als die tatsächliche Lage. (1), (2), (3), [Abb. 1]

Internationaler Logistikmarkt

Die schwache Konjunktur in der Europäischen Union - von der sich nur Deutschland und derzeit Großbritannien abheben - und die nachlassende Wachstumsdynamik Chinas ändern nichts daran, dass Transport und Logistik in der globalisierten Weltwirtschaft weiterhin stetig zulegen. Einer aktuellen Untersuchung zufolge wird der weltweite Logistikmarkt bis 2020 jährlich um drei Prozent wachsen.

Unangefochtener Logistik-Europameister ist Deutschland. Hierzulande wurden im vergangenen Jahr 230 Milliarden Euro alleine mit Logistikdienstleitungen umgesetzt. Mit weitem Abstand, nämlich mit rund 100 Milliarden Euro weniger, folgt Frankreich auf Platz zwei. Die weiteren Plätze im europäischen Ranking belegen Großbritannien und Italien. 2012 wurde ein Viertel des gesamten EU-Straßengüterverkehrs alleine auf deutschen Straßen transportiert. (4)

Unternehmen im Markt

Mit der Post und der Bahn verfügt Deutschland über gleich zwei internationale Logistikriesen, wobei die Deutsche Post DHL sogar als das weltweit größte

Logistikunternehmen gilt. Auch die Deutsche Bahn mit ihrer Logistiktochter DB Schenker gehört zu den Top Ten auf dem Globus. Die Nummer drei auf dem deutschen Markt ist hinter den beiden Branchenführern der Schweizer Logistikkonzern Kühne & Nagel.

Die **Deutsche Post** hat 2013 eine Umsatzsteigerung von drei Prozent erzielt und wird ihren Wachstumskurs auch 2014 fortsetzen. Mit 27,3 Milliarden Euro lag der Umsatz in den ersten sechs Monaten dies Jahres um rund 250 Millionen Euro über dem Vorjahreszeitraum. Der Vorsteuergewinn lag bei 1,4 Milliarden Euro und damit um 3,8 Prozent höher als 2013. Der Reingewinn stieg sogar um fünf Prozent von 920 Millionen Euro im ersten Halbjahr 2013 auf 963 Millionen Euro. (5), [Abb. 2]

Durchwachsen präsentiert sich die Halbjahresbilanz der Logistiktochter **DHL**. Sie übernimmt auch das Paketgeschäft, während die Post nur noch für Briefe zuständig ist. DHL hat infolge des weiter boomenden Onlinehandels im Paketgeschäft ordentliche Steigerungen erzielt, während in der DHL-Sparte Global Forwarding & Freight ein Rückgang des Vorsteuerergebnisses um 30 Prozent zu Buche stand. Freight steht hierbei für den europäischen Landverkehr, bei dem der Konzern zwar eine Umsatzsteigerung um 1,7 Prozent erreichte, gleichzeitig aber infolge der unbefriedigenden

Preisentwicklung ein um 1,3 Prozent auf 545 Millionen Euro gesunkenes Vorsteuerergebnis verzeichnen musste. Zwiespältig fällt die Zwischenbilanz auch bei der See- und Luftfracht aus. Hier stieg zwar die Frachtmenge, dafür aber fiel der Umsatz, nämlich um 3,5 Prozent auf 5,1 Milliarden Euro. Wie sehr die niedrigen Margen auf Umsatz und Erträge drücken, zeigt insbesondere die Seefracht. Die transportierte Menge stieg hier deutlich um fünf Prozent, während die Umsätze um 3,6 Prozent zurückgingen.

Trotz der Rückgänge in einigen Teilbereichen steht DHL insgesamt auch 2014 gut da, denn die Sparten Paket und Express haben die Einbußen überkompensiert. So stieg das Paketgeschäft im ersten Halbjahr um 5,5 Prozent auf 482 Millionen Sendungen. Im Geschäftsfeld Express stiegen die Erlöse alleine im zweiten Quartal um drei Prozent von drei Milliarden Euro im Vorjahresquartal auf 3,1 Milliarden Euro. Die Umsätze stiegen bereinigt um Währungseffekte sogar um sieben Prozent. Der zu DHL gehörende Bereich Supply Chain wuchs im zweiten Quartal ebenfalls stark, nämlich um sechs Prozent. (6)

Die **Deutsche Bahn** hat im vergangenen Jahr - anders als die auch 2013 erfolgreiche Post DHL - überraschende Ergebniseinbußen verbucht. Im laufenden Jahr soll diese Scharte ausgewetzt werden, was zu gelingen scheint. So stieg der versteuerte Gewinn des Gesamtkonzerns im ersten Halbjahr 2014 um satte 15,9 Prozent auf 642 Millionen Euro. Der Umsatz legte um 1,9 Prozent auf 19,73 Milliarden Euro zu. Im Schienenpersonenverkehr wurde im ersten Halbjahr mit einer Milliarde Fahrgästen ein Plus von zehn Millionen und damit ein neuer Fahrgastrekord erzielt. Der Zuwachs ist auch deswegen bemerkenswert, da die Bahn von den seit eineinhalb Jahren zugelassenen Fernbussangeboten parallel zu Bahngleisen immer stärkere Konkurrenz bekommt. Gleichwohl befindet sich die Bahn mit ihrem Zwischenergebnis 2014 auf gutem Weg, die Ergebnisdelle des Vorjahres vergessen zu machen. Wie sich die Streiktage der Lokführergewerkschaft GDL auf das Gesamtergebnis auswirken werden, bleibt jedoch noch abzuwarten. [Abb. 3]

Die Logistiksparte **DB Schenker Logistics**, die die See- und die Luftfracht verantwortet, steuerte zu dem Anstieg maßgeblich bei. Das Luftfrachtvolumen stieg im ersten Halbjahr 2014 um 2,6 Prozent, in der Seefracht wuchs die transportierte Menge sogar um 8,5 Prozent. Der Vorsteuergewinn stieg in der Folge von 136 Millionen Euro im ersten Halbjahr 2013 auf 148 Millionen Euro. **DB Schenker Rail** hatte im ersten Halbjahr 2013 gar keine Gewinne erzielt, sondern einen Rohverlust von sechs Millionen Euro ausweisen müssen. Auch dieser Rückgang konnte in diesem Jahr wieder mehr als ausgeglichen werden. So stieg der Vorsteuergewinn des Schienengüterverkehrs auf neun Millionen Euro. Erreicht wurde der Turnaround, obwohl die Gütersparte der Bahn bei der beförderten Gütermenge im ersten Halbjahr ein Minus von 3,5 Prozent einfuhr. Die Verkehrsleistung indessen, die das Beförderungsvolumen ins Verhältnis zur Wegstrecke setzt, stieg um 0,9 Prozent. (7)

Die Nummer drei am deutschen Markt, der Schweizer Konzern **Kühne & Nagel**, hat ebenfalls ein gutes Halbjahresergebnis präsentiert. Trotz leicht gesunkener Umsätze stand nach sechs Monaten eine Gewinnsteigerung um 8,2 Prozent auf 396 Millionen Schweizer Franken in den Büchern. Bis auf die Seefracht verzeichneten alle Geschäftssparten gestiegene Vorsteuergewinne. (8)

Die **Lufthansa** erlebt ein schwieriges Jahr, will aber an ihrer Gewinnprognose von einer Milliarde Euro (Ebit) festhalten. Probleme bereiten der Airline die konjunkturelle Abkühlung, sinkende Preise und die Streiks der Piloten. Das Unternehmen hat die für 2015 prognostizierte Gewinnerwartung von zwei Milliarden Euro daher deutlich gekappt, was der LH-Aktie einen Sinkflug bescherte. Nach der neuesten Prognose soll der Gewinn 2015 nur noch deutlich über einer Milliarde Euro liegen, womit die Lufthansa die bisherigen Aussichten um fast 50 Prozent nach unten korrigiert hat.

Die Zahlen im laufenden Geschäftsjahr sind allerdings lange nicht so schlecht, wie es die gekappten Ziele für 2015 aussehen lassen. So stieg der operative Gewinn in den ersten drei Quartalen trotz leicht gesunkener Umsätze um satte 28 Prozent auf 849 Millionen Euro. Sollten die streikfreudigen Piloten im letzten Quartal auf weitere Arbeitsniederlegungen verzichten, dürfte die Lufthansa damit ihr Gewinnziel von einer Milliarde Euro in diesem Jahr erreichen. Der in den ersten neun Monaten 2014 erreichte Reingewinn lag bei 482 Millionen Euro und damit um 235 Millionen höher als im Vorjahreszeitraum.

Dass die Lufthansa trotz dieser Ergebnisse einige dunkle Wolken am Horizont aufziehen sieht, liegt auch an den niedrigen Zinsen. Der Niedrigzins drückt kräftig auf die Pensionskassen der Airline, weshalb die Rückstellungen in diesem Jahr bereits mit 2,7 Milliarden Euro aufgestockt werden mussten. Die beträchtliche Aufwendung zehrt am Eigenkapital der Lufthansa, das infolge dieser Geldspritzen um 22,7 Prozent auf 4,7 Milliarden Euro zurückging. (9)

Die Frachtsparte der Lufthansa, **LH Cargo**, weist ebenfalls steigende Gewinne aus. Das Unternehmen hat in den ersten drei Quartalen seinen operativen Gewinn um 13,3 Prozent auf 51 Millionen Euro erhöhen können. Die Umsätze sanken gleichzeitig geringfügig um 1,9 Prozent auf 1,77 Milliarden Euro.

Als enttäuschend wurde vom Konzern aufgenommen, dass die Transportleistung der Frachtsparte auf dem Vorjahresniveau stagnierte. Die für das laufende Gesamtjahr erwartete Umsatzsteigerung wird daher nicht mehr zu erreichen sein. Beim operativen Gewinn indessen prognostiziert das Unternehmen gegenüber 2013 weiterhin eine (nicht näher bezifferte) Steigerung.

Im Vergleich mit seinem wichtigsten Konkurrenten, der **Air France-KLM**, steht LH Cargo damit blendend da. Air France-KLM hat in den ersten neun Monaten dieses Jahres sowohl beim Umsatz als auch beim Vorsteuerergebnis deutliche Einbußen eingeflogen. Bei den Umsätzen beträgt der Rückgang sechs Prozent (auf 1,97 Milliarden Euro), das operative Ergebnis fiel mit minus 181 Millionen Euro ebenfalls deutlich negativ aus. Erst für 2017 erwartet das Unternehmen wieder operative Gewinne. Air France-KLM ist damit ein Spiegelbild der gesamten französischen Wirtschaft, die sich aus der nun schon einige Jahre anhaltenden Abwärtsspirale immer noch nicht befreien kann. (10)

Die Teilsparten des Transportwesens

Das Transportwesen in Deutschland wird auch in

diesem Jahr deutlich stärker wachsen als die Gesamtwirtschaft. Aktuellen Berechnungen zufolge soll das Transportaufkommen 2014 zwischen 3,2 und 3,5 Prozent auf etwa 4,2 Milliarden Tonnen ansteigen. Der Seeverkehr ist hierbei nicht eingerechnet. Damit wäre 2014 das Jahr, in dem das Transportaufkommen erstmals wieder höher liegt als im letzten Rekordjahr 2008. Für 2015 ist ein weiteres Plus von 2,6 Prozent auf 4,3 Milliarden Tonnen kalkuliert. (11)

Straßengüterverkehr

Die schwierige Berechnung der tatsächlichen Verkehrsleistung durch LKW für das abgelaufene Jahr zeigt, dass aktuelle Wasserstandsmeldungen nur mit größter Vorsicht vorgenommen werden können. Für 2014 ist jedoch die Tendenz zu einer stagnierenden Entwicklung zu beobachten. Zwar hatten Verkehrsexperten für das zweite Halbjahr eine Zunahme beim Straßengüterverkehr erwartet. Die hereingebrochene konjunkturelle Abkühlung und die wirtschaftlichen Folgen der Ukrainekrise lassen jedoch auch diese Schätzungen als Spekulationen erscheinen.

Greifbar hingegen ist eine Entwicklung, die für deutsche Speditionen alles andere als verheißungsvoll daher kommt. Dies ist der beständige Rückgang des Marktanteils deutscher LKW am

Straßengüterverkehr. Nach Angaben des Bundesverbandes Güterverkehr, Logistik und Entsorgung (BGL) hatten deutsche Brummis schon 2009 nur noch einen Marktanteil von 65 Prozent, der zwischenzeitlich sogar auf 60 Prozent abgesunken ist. Stark im Kommen sind indessen Spediteure aus Osteuropa. Ihr Anteil am Transportaufkommen auf deutschen Straßen liegt mittlerweile bei 28 Prozent. Da die Konkurrenz aus den östlichen EU-Beitrittsstaaten auch in den nächsten Jahren doppelt bis drei Mal so schnell zulegt wie die deutschen Anbieter, werden sie ihren Marktanteil weiter ausbauen. (11), (14)

Schienengüterverkehr

2013 hatte der Schienengüterverkehr mit plus 2,3 Prozent stärker zugelegt als alle anderen Verkehrsträger. Auch in diesem Jahr wird es ein ähnlich hohes Wachstum geben, was auch daran liegt, dass der milde Winter einen frühen Beginn der Bautätigkeit und damit einen vermehrten Baustoffverkehr ermöglichte. Aktuelle Schätzungen belaufen sich auf plus 2,4 Prozent beim Transportaufkommen und auf 4,3 Prozent bei der Verkehrsleistung. (11)

Seeschifffahrt

Der Güterverkehr auf den Meeren ist im vergangenen Jahr um 0,6 Prozent zurückgegangen. Damit gliedert sich auch das Jahr 2013 in die nur schleppende Entwicklung der Seeschifffahrt ein, die seit der Finanzkrise 2008/2009 immer noch nur wenig Wasser unter dem Kiel hat. Von den deutschen Reedereien kommen in diesem Jahr allerdings Signale, die für eine schnellere Erholung sprechen. So haben die deutschen Seehäfen im ersten Halbjahr 2014 mehr Güter umgeschlagen als im Vorjahreszeitraum. Zwischen Januar und Juni wurden knapp 152 Millionen Tonnen Güter geladen und gelöscht, im Vorjahreszeitraum waren es 2,7 Prozent weniger. Die Exporte stiegen um 4,5 Prozent auf 61,6 Millionen Tonnen, der Empfang von Sendungen aus dem Ausland wuchs um 0,7 Prozent auf 86,3 Millionen Tonnen. Der weniger bedeutsame innerdeutsche Seeverkehr erreichte ein Plus von sogar 20,3 Prozent.

Gleichwohl ist es für die Reeder immer noch schwer, mit ihren Transporten Geld zu verdienen. Dies liegt an den immer noch darniederliegenden Preisen, die eine Folge des weltweiten Überangebots an Schiffsraum sind. Der Verband Deutscher Reeder (VDR) beklagt unzureichende Charterraten insbesondere in der Containerschifffahrt, rechnet aber infolge der Verschrottungsrate, die zuletzt etwas höher lag als die Zahl der Neubestellungen, für 2014 mit einer leichten Erholung. (13)

Binnenschifffahrt

Positive Signale senden auch die Binnenschiffer. Sie haben im ersten Halbjahr 2014 1,1 Prozent mehr Güter transportiert als im Vorjahreszeitraum. Damit stieg das Frachtgut von 112,8 Millionen Tonnen auf 1,3 Millionen Tonnen an. Mit plus 4,3 Prozent legte der Versand ins Ausland am stärksten zu. Der Verkehr innerhalb Deutschlands wuchs um 3,9 Prozent, die Beförderung von Containern um 7,3 Prozent. Damit präsentiert sich die Binnenschifffahrt insgesamt mit solider Auftragslage, ist von den Rekordmengen des Jahres 2008 aber immer noch ein gutes Stück entfernt. (11), (14)

Luftfracht

Die internationale Luftfracht war 2012 um 2,7 Prozent zurückgegangen, 2013 gab es ein leichtes Plus von 0,4 Prozent. In diesem Jahr sieht es so aus, als ob die Sparte endlich wieder auf Wachstumskurs einschwenkt. So stieg das Transportaufkommen alleine im Juli um 6,4 Prozent, im August standen plus 4,8 Prozent zu Buche. Traditionell das stärkste

Quartal für die Luftfracht sind die Monate Oktober bis Dezember, die weitere Zuwächse versprechen. (12), (15)

Trends

UPS expandiert in Europa

Der US-Logistikkonzern UPS will trotz der gescheiterten Übernahme des niederländischen Konkurrenten TNT seine Marktpräsenz in Europa deutlich ausbauen. Geplant ist ein Investitionsvolumen von einer Milliarde US-Dollar. Insbesondere sollen die Logistikkapazitäten ausgebaut werden, etwa durch den Bau neuer Verteilerzentren. Der Löwenanteil der Investitionen wird nach Deutschland fließen, denn UPS traut der wichtigsten Logistikdrehscheibe des alten Kontinents auch weiterhin die höchsten Wachstumsraten zu. Der US-Konzern erwirtschaftet derzeit mit weltweit rund 400 000 Beschäftigten einen Umsatz von 55 Milliarden US-Dollar. (16)

Die Logistik entdeckt Afrika

Deutsche Logistikanbieter haben ein wachsendes

Interesse am afrikanischen Kontinent. Auch die deutschen Schwergewichte LH Cargo und DB Schenker bauen darauf, dass es nach dem Boom in Asien keine Weltregion mit höheren Wachstumsraten geben wird. Schon heute fliegt LH Cargo jede Woche unter anderem in die tunesische Hauptstadt Tunis und ins nigerianische Lagos. DB Schenker hat ein Logistikunternehmen in Angola übernommen und verfügt unter anderem in Südafrika über eine Dependance. Die nächste Geschäftsstelle soll in Mosambik eröffnet werden. (17)

Zahlen & Fakten

Abbildung 1: Jedes Jahr ein neuer Rekord

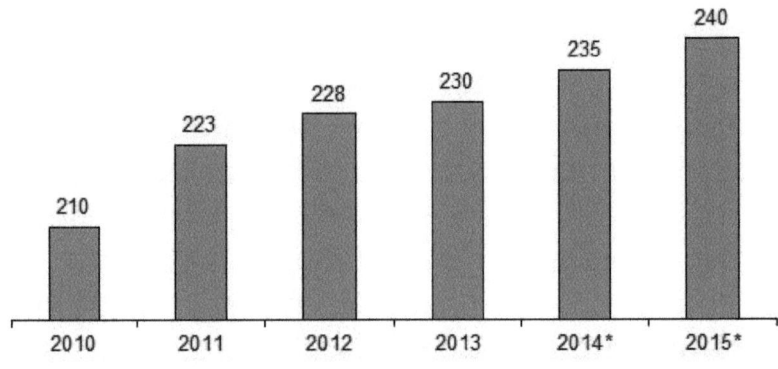

Umsatzentwicklung der deutschen Logistikwirtschaft in Milliarden Euro

* = Prognosen

GBI-Genios Grafik

Quelle: VerkehrsRundschau, Heft 43/2012, S. 24 / eigene Recherchen Entnommen aus: VerkehrsRundschau, Heft 43/2012, S. 24

Abbildung 2: Deutsche Post macht Anleger glücklich

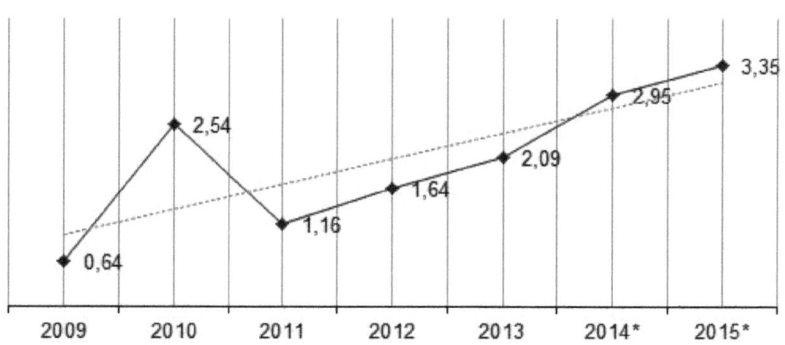

Operative Gewinne der Deutschen Post in Milliarden Euro

* = Prognosen

GBI-Genios Grafik

Quellen: Bloomberg, Unternehmen / eigene
Recherchen Entnommen aus: Handelsblatt,
03.04.2014, S. 6

Abbildung 3: Deutsche Bahn 2013 -
Schienengüterverkehr hinkt hinterher

Konzerntochter	Gewinn 2013 in Milliarden Euro	Abweichung vom Ziel in Milliarden Euro
Regionalverkehr	777	14
Bahnhöfe	229	-3
Energie	71	-24
Fernverkehr	323	-46

Schienennetz	665	-57
Logistik (Schenker)	335	-83
Güterbahn	57	-451

Quelle: Deutsche Bahn Entnommen aus:
Wirtschaftswoche, 19/2014, S. 58

Weiterführende Literatur

(1) Vernetzen gegen Krisen
aus DVZ, Nr. 85 vom 24.10.2014

(2) Deutsche Logistikbranche bleibt optimistisch
aus BfAI - Märkte im Ausland

(3) Es geht weiter aufwärts
aus Verkehrs Rundschau, Heft 37/2014, S. 36-37

(4) Gute Aussichten für die weltweite Logistikbranche
aus "Medianet" Nr. 1848/2014 vom 05.09.2014 Seite 68

(5) DGAP-News: Deutsche Post DHL erhöht Erlöse
und EBIT im zweiten Quartal
aus news aktuell, 2014-08-05

(6) Speditionssparte der Post schwächelt
aus DVZ, Nr. 63 vom 08.08.2014

(7) Logistikgeschäft macht der DB wieder Freude
aus DVZ, Nr. 59 vom 25.07.2014

(8) Kühne + Nagel findet den Tritt SChweizDer Transportlogistiker steigert die Volumen. Doch Preisdruck in der Seefracht und der Franken belasten.
aus Finanz und Wirtschaft vom 16.07.2014, Seite 7

(9) Lufthansa spürt Preiskämpfe und die Flotten staatlicher Rivalen
aus Frankfurter Allgemeine Zeitung, 01.08.2014, Nr. 176, S. 18

(10) LH Cargo fliegt mehr Gewinn ein
aus DVZ, Nr. 87 vom 31.10.2014

(11) Gütertransport auf Rekordniveau
aus DVZ, Nr. 70 vom 02.09.2014

(12) Vom Welthandel teilweise abgekoppelt
aus DVZ, Nr. BLUF vom 17.10.2014

(13) Güterumschlag im deutschen Seeverkehr stieg im Halbjahr
aus APA-JOURNAL Verkehr vom 29.10.2014

(14) Die Uhr tickt weiter
aus Verkehrs Rundschau, Heft 32-33/2014, S. 18-19

(15) Luftfracht steuert auf ein gutes Jahr zu
aus DVZ, Nr. 82 vom 14.10.2014

(16) Die europäische Expansion zielt besonders auch auf Deutschland ab. Ein neuer Online-Service soll

Privatkunden von der Deutschen Post abwerben.
aus Handelsblatt Live vom 02.07.2014 um 06:00:00

(17) Logistikanbieter entdecken Afrika
aus DVZ, Nr. 86 vom 28.10.2014

Impressum

Branchenreport TRANSPORT & LOGISTIK Ausgabe 2/2014

Bibliografische Information der deutschen Nationalbibliothek

Die Deutsche Nationalbibliothek verzeichnet diese Publikation in der deutschen Nationalbibliografie; detaillierte bibliografische Daten sind im Internet über http://dnb.d-nb.de abrufbar.

ISBN: 978-3-7379-5676-5

© 2015 GBI-Genios Deutsche Wirtschaftsdatenbank GmbH, Freischützstraße 96, 81927 München, www.genios.de

oder ähnliche Einrichtungen und die Einspeicherung und Verarbeitung in elektronischen Systemen.